ANTOINE

OPÉRATION GADOUE

À mes trois petits bourgeons de belles grandes personnes,
Vincent, Antoine et Delphine.
V. F.

Pour Émanuel et Lucas.
T. D.

À Marie-Rose
Je suis contente
de t'avoir
rencontrée!
Valérie xx

**Catalogage avant publication de
Bibliothèque et Archives nationales du Québec
et Bibliothèque et Archives Canada**

Fontaine, Valérie, 1980-
Opération Gadoue
(Collection Histoires de rire)
Pour enfants.

ISBN 978-2-923813-07-3
I. Doyle, Tommy, 1978- . II. Titre.
III. Collection : Collection Histoires de rire.
PS8611.O575O64 2013 jC843'.6 C2012-941134-5
PS9611.O575O64 2013

Direction littéraire :
Emmanuelle Rousseau et Sophie Sainte-Marie
Direction artistique et graphisme : Primeau Barey
Révision : Marie Pigeon Labrecque
Correction d'épreuves : Suzanne McMillan
Dépôt légal : 1er trimestre 2013
Bibliothèque et Archives nationales du Québec
Bibliothèque et Archives Canada

Fonfon
22, rue Louis-Babin
Saint-Jean-sur-Richelieu (Québec) J2W 2T4
Téléphone : 514 604-8690
Télécopieur : 450 741-1459
Courriel : info@editionsaf.com
www.editionsaf.com

**IMPRIMÉ AU QUÉBEC SUR PAPIER CERTIFIÉ FSC
DE SOURCES MIXTES**

ANTOINE

OPÉRATION GADOUE

Texte : Valérie Fontaine
Illustrations : Tommy Doyle

fonfon

Antoine revient de l'école tout joyeux. Le glouglou de l'eau qui s'écoule dans les gouttières annonce le retour de la chaleur et du soleil. Le garçon a même enlevé son manteau. Ah ! l'arrivée de l'été : quel bonheur !

Mais quand il se retrouve les deux pieds dans un trou d'eau grand comme une piscine, Antoine sort de sa rêverie. Il avait oublié : avant de profiter de l'été, il doit affronter le printemps. L'horrible et humide printemps !

Antoine bondit à côté de la mare. Existe-t-il une façon d'éviter cette saison ?

Soudain, il comprend tout ! C'est le début de l'Opération Gadoue !

En retirant son pantalon trempé, Antoine réfléchit. Pour vite passer à sa saison préférée, plusieurs problèmes doivent être réglés. Tout d'abord, le terrain est tellement gorgé d'eau qu'on se croirait dans des sables mouvants.

Qu'est-ce qui pourrait bien aider Antoine à marcher sans s'enfoncer ? Dans le garage, il trouvera sûrement une solution. Il y a là tout ce qu'il lui faut : des raquettes ou des palmes. Il n'aura qu'à choisir entre les deux...

Demain, tout sera réglé !

Le lendemain, dès son retour de l'école, il court chercher les précieuses palmes. Autant prendre ce qui sert en été ! Antoine les enfile et sort braver le terrain imbibé.

Au premier pas, tout semble bien aller. Mais au deuxième, ça se complique ! La boue s'accroche à ses palmes et elle refuse de lâcher prise. Zut ! Antoine s'effondre de tout son long, ce qui lui fait prendre une bouchée de gazon ! Avoir su, il aurait mis le masque de plongée !

En regardant la partie de hockey à la télé, il repense à sa journée. Les palmes, ce n'était pas une si bonne idée. Et les raquettes ? Il n'a même pas envie de les essayer... À la télé, le chanteur de l'hymne national s'avance sur un long tapis vers le milieu de la patinoire. Quelle bonne idée !

Demain, tout sera réglé !

Antoine fait de beaux rouleaux avec le tapis de sa chambre, la carpette à poils longs du salon, le paillasson de l'entrée et même le tapis de bain en forme de crocodile. Il les transporte tous à l'extérieur et les dispose avec soin les uns à la suite des autres.

Puis il s'amuse avec son ballon sur le labyrinthe de tapis. Il drible. C'est certain, il deviendra un champion avant l'arrivée de la belle saison ! Soudain, le ballon lui échappe et roule sur le gazon mouillé en l'éclaboussant. De fines gouttelettes brunes virevoltent jusqu'aux joues d'Antoine. Le visage barbouillé, le garçon décide qu'il en a assez.

Antoine doit avouer que la partie de soccer rêvée n'est pas pour demain... Le nez à la fenêtre, il regarde le paysage. Tout est brun, nu. Quelques feuilles vertes amélioreraient le coup d'œil. Pour avoir des feuilles, il faut d'abord... des bourgeons !
Et il pense pouvoir les faire éclore plus vite.

Demain, tout sera réglé !

Armé de ciseaux, Antoine découpe de petits morceaux rectangulaires dans un vieux chandail. Après en avoir taillé une centaine, il enveloppe délicatement chaque bourgeon de ces foulards miniatures.

Maintenant que l'arbre est tout emmitouflé, Antoine va pouvoir se reposer. Il sait très bien que les bourgeons auront besoin d'un peu de temps avant d'éclore.

Le lendemain, Antoine soulève un bout de tissu et constate aussitôt que rien n'a poussé. Sans perdre un instant, il s'élance vers la maison et revient avec un séchoir à cheveux, déterminé à aider les petits foulards. Antoine grimpe à l'arbre à grandes enjambées. Pendant de longues minutes, il dirige l'air chaud sur chaque branche. Hélas ! les bourgeons s'obstinent à rester fermés.

Antoine rentre chez lui, découragé, mais il reprend vite espoir. À la radio, il apprend que c'est le temps de semer les légumes. Le garçon n'a pas la patience d'attendre qu'une graine prenne des semaines à sortir de terre. Cette fois, il a une excellente idée !

Demain, tout sera réglé !

Au matin, après avoir nettoyé l'ancien potager, Antoine y plante de longues rangées de carottes, céleris et concombres. Le frigo est rempli de millions de légumes. Sa mère ne verra pas qu'il en manque quelques-uns ! Malgré ses doigts gelés, Antoine est très fier de sa nouvelle stratégie.

En fin de journée, il retourne admirer son potager. Horreur ! les légumes sont éparpillés autour de la maison. Ils ont été piétinés, lancés. On dirait même qu'on en a pris quelques bouchées !

Antoine n'a pas à chercher les coupables trop longtemps. Il les fait fuir immédiatement, mais le mal est fait...

Songeur, le garçon regagne sa maison. Il renifle tout à coup une désagréable odeur de vieille couche de bébé. Il regarde sous ses souliers... Ouf! pas de crotte de chien! C'est vrai que, le printemps, ça pue! Sa mission n'est pas de tout repos!

Sur la table de la cuisine, il voit un gros bouquet de fleurs multicolores. Et elles sentent si bon... Bien sûr! Des fleurs!

Demain, tout sera réglé!

Le lendemain matin, Antoine s'empare du bouquet et il attrape au passage quelques plantes. Ravi, il place chaque rose et chaque œillet dans la platebande. La brise printanière propage le parfum des fleurs, et les plantes ajoutent de la verdure. Superbe !

Mais au retour de l'école, Antoine découvre que les fleurs sont couchées au sol, fanées. Elles ne semblent pas avoir apprécié le printemps cette année...

Pour se remonter le moral, Antoine feuillette un catalogue de vêtements de plage. Il rêve à son prochain maillot de bain et à ses sandales. Il ouvre le dernier tiroir de sa commode pour regarder ses tenues d'été. Il a si hâte de les porter… C'est alors qu'il a une idée !

Demain, tout sera réglé !

Vêtu légèrement, Antoine part pour l'école le lendemain matin. Malgré un petit frisson, il se jure que personne n'arrivera à lui faire mettre un manteau ou une tuque.

Aujourd'hui, tout est réglé !

Après la récréation, quelle joie ! L'enseignante annonce aux élèves qu'ils iront bientôt à la cabane à sucre. Pour une fois, Antoine trouve un avantage au printemps. Il compte bien en profiter pleinement ! Mais...

Brrrrrrr

Voici quelques suggestions d'activités pour se désennuyer lorsque le soleil se fait désirer !

Parade de parapluies

Il pleut encore, et tu aimerais malgré tout jouer dehors ? Rassemble ta famille et tes voisins, sortez vos bottes de pluie, imperméables et parapluies colorés, et défilez dans les rues ! Si une voiture passe, faites signe de klaxonner... Du plaisir assuré !

Jardinier en herbe

Tu aimerais, comme Antoine, que la verdure apparaisse plus vite, et ce, en restant bien au chaud dans ta maison ? Prends de l'avance et fais tes semis de légumes à l'intérieur ! Il suffit ensuite d'un peu de patience et d'entretien pour voir une petite tige pousser et avoir de bons légumes à manger !

Défilé estival

- Sors tes vêtements d'été de l'an dernier ou les nouveaux vêtements que tes parents viennent d'acheter.
- Choisis de la musique énergique et des accessoires d'été, comme des lunettes de soleil, des sandales et des chapeaux.
- Répète quelques chorégraphies et, lorsque tout est prêt, invite tes parents à assister au défilé de mode, collection été !

Visitez notre site Internet pour trouver toutes les étapes détaillées de la germination : www.editionsaf.com.

Vous y découvrirez aussi plusieurs autres activités !